BEI GRIN MACHT SICH IHR WISSEN BEZAHLT

Ramona Schilling

Räume bei Eneas und im Partonopier

Skript

GRIN Verlag

Bibliografische Information der Deutschen Nationalbibliothek:

Die Deutsche Bibliothek verzeichnet diese Publikation in der Deutschen National-
bibliografie; detaillierte bibliografische Daten sind im Internet über http://dnb.d-
nb.de/ abrufbar.

Impressum:

Copyright © 2011 GRIN Verlag GmbH
Druck und Bindung: Books on Demand GmbH, Norderstedt Germany
ISBN: 978-3-656-71684-6

Dieses Buch bei GRIN:

http://www.grin.com/de/e-book/278597/raeume-bei-eneas-und-im-partonopier

Räume bei Eneas und im Partonopier

Was ist Raum? Was für eine Bedeutung hat die Darstellung von Räumen in der Literatur?

- seit ca. 20 Jahren → Thema auf verschiedene Ebenen sehr aufschlussreich

- Räume im Erec: sicherer, bekannter höfischer Raum Artus-Hof (ideelles Zentrum, das sich bewegt) , Gegensatz zum wilden Wald (Gegenhöfischer Raum), Zwischenraum Heide → Gegenüberstellung zweier Welten, Held wechselt Räume (seine Aufgabe, Aventiure)

→ jeder Protagonist muss in Romanen seinen gewohnten Raum verlassen, sonst passiert nichts

Einführung in die Raumtheorie: Dünne&Günzel und Cassirer

Aristoteles (*384 v. Chr. † 322 v. Chr.)
- Beschreibung von Bewegung:
  - ➤ Alles hat eine Ursache
  - ➤ Kosmos = endlich
  - ➤ Anfang = Ur-Ursache / erster Beweger / göttliche Figur (prinzipieller Anfang und Ziel zugleich)
- Körperraum = Platz, den ein Körper einnimmt und von dem er sich selbst unterscheidet
- Ort = unbewegliche, etwas umgebende Außenhülle

→ **In der Welt ist kein leerer Raum möglich /denkbar, allenfalls der Sitz Gottes am Rand des Kosmos, als Nicht-Raum**

René Descartes (* März 1596 † Februar 1650)
- Leerer Raum = undenkbar --> „Wo es Ausdehnung oder Raum gibt, dort gibt es notwendigerweise eine Substanz."
- Zweiteilung / Dopplung der Welt --> 1. Äußere Welt (materielle Dinge) / 2. Innere Welt (Vorstellung)
- In der inneren Welt gibt es Ideen, die nicht durch Beobachtung entstanden sind, z.B. Idee der größten Substanz --> Gott wird (im Gegensatz zur antiken und mittelalterlichen Vorstellung) in den Denkinnenraum geholt und ist eine Vorstellung

Otto von Guericke(*November 1602 † Mai 1686)
- Erzeugen eines Vakuums mit einer Luftpumpe --> Beweis für Existenz eines leeren Raumteils --> Übertragung: auch das Universum kann leerer Raum sein

<u>Isaac Newton (* Dezember 1642 †März 1726) & Samuel Clarke (*Oktober 1675 † Mai 1729)</u>
- Newton --> Durchbruch der neuzeitlichen Vorstellung eines leeren Raums
  - Ort = physikalischer Raum (unterteilt in: absoluten und relativen Raum)
- Absoluter Raum = unbeweglich und beständig; = gedachter Raum aller möglichen Standpunkte und Perspektiven
- Relativer Raum = von konkretem Standpunkt aus bestimmt
  - Bsp.: Schiff = beweglicher, relativer Raum im absoluten Bezugsraum des Ozeans
- Absoluter Raum = universeller Container für alle relativen Räume
  - Im absoluten Raum ist alles in Bewegung (Grund = Wirkung, die Körper mittels der Gravitationskraft über die Entfernung hinweg aufeinander ausüben können)
- Ruhe = Sonderfall / Bewegung = Regelfall (umgekehrt zum aristotelischen Weltbild)
- Clarke mit Newton --> Verteidigung eines naturwissenschaftlichen Begriffs des Raums, in dem die Bewegung dynamisch gedacht wird (als Wirkung von Kräften im Raum)

<u>Gottfried Wilhelm Leibniz (*Juni 1646 † November 1716) & Christiaan Huygens (*April 1629 †Juli 1695)</u>
- Verteidigung eines mathematischen Begriffs des Raums (ohne Berücksichtigung der Ursachen) [versus Newton + Clarke]
- Raum wird auf die Relation zwischen Orten reduziert; Nur Lagebeziehungen spielen eine Rolle, nicht die Distanz
  - „Raum ist kurzum das, was sich aus den Orten ergibt, wenn man sie zusammennimmt."

<u>Immanuel Kant (*April 1724 †Februar 1804)</u>
- Subjekt der Erkenntnis = Zentrum, um das die Dinge ausgerichtet sind --> Dinge = Kategorien des Verstandes (es werden nie die Dinge an sich erfasst, sondern nur ihrer Erkenntnisstruktur entsprechend)
- Raum = dreidimensionale Ausdehnung
- Raum (an sich) = Status der Apriorizität und ist nicht Produkt individueller Wahrnehmung
- Begriff des Raumes = „reine Anschauung und daher erster formaler Grund der Sinnenwelt" --> Zum Begriff des Raums kommt man nur durch Reflexion
- Raum = bloße Erscheinung im Verhältnis zur Zeit, die die Bedingung aller Erscheinungen ist -> ohne Zeit keine Veränderung im Raum möglich
- Im Vergleich zu Newton und Leibniz: Raum = weder unermessliches Behältnis (vgl. Newton), noch verschwindet er, wenn es keine Objekte in ihm gibt (vgl. Leibniz)

<u>Johann Gottfried von Herder (*August 1744 †Dezember 1803)</u>
- Raum = Erfahrungsbegriff, bzw. als Spektrum an Orientierungsrichtungen --> intrinsisch, philologisch (Orientierung des Menschen an moralischen Fragen, etc.) und extrinsisch, lebensweltlich (Orientierung des Menschen an Himmelsrichtungen, Orten, etc.)

Elias von Cyon (März 1843 – 1912)
- Biologischer Zugang:
  - These von halbkreisförmigen Bogengängen des Innenohrs als Sitz des Raumorgans (= 6. Sinn)
  - Schließt von der Dreiheit der Bogengänge beim Menschen auf eine spezifische Dreiheit der Empfindung)

Jakob Johann Baron von Uexküll (*August 1864 †Juli 1944) & Martin Heidegger (*September 1889 †Mai 1976)
- Bekannteste Vertreter der Sytemtheorie (Rückkopplungsschleife der Merk- und Wirkwelt der Zecke)
- „Einen allgemeinen Raum, der alle Lebewesen umschließt, gibt es nicht."
- Subjektiver Raum, den das Insekt bewohnt = bestehend aus wenigen Zeichen und für andere Lebewesen ein unzugänglicher Parallelkosmos
- Jedem Lebewesen steht danach eine andere relative Umwelt zur Verfügung; Zecke und Mensch teilen demnach zwar denselben Raum, niemals aber die gleiche Umwelt

Albert Einstein (*März 1879 †April 1955)
- Raum (= alleiniger Träger der Realität) und Zeit bilden für die moderne Physik eine Einheit -
-> die Raumzeit

Einführung in die Raumtheorie: Lotman uns Störmer-Caysa

Thema: Raummodell für narrative Handlungen / künstlerische Texte (keine Raumtheorie)
Ansatz Lotmans: Der symbolische Raum wird nicht von einem reflexiven Erfahrungssubjekt ausgehend gedeutet (klare Abgrenzung zu subjektsbezogenen Ansätzen)

These Lotmans: Der künstlerische Raum als Erzeugnis kulturell bestimmter Zeichenverwendungen

Strukturalistisch-semiotisches Raummodell
- Strukturalistischer Ansatz: Wortbedeutung entsteht durch binäre Oppositionen (Bsp. Himmel – Erde)
- Lotman überträgt den strukturalistischen Ansatz auf sein Raummodell
  - Annahme: Der Mensch neigt aus sozialen, historischen, kulturellen und moralischen Gründen dazu, Worte und Begriffe räumlich zu visualisieren, so auch Worte die keinen räumlichen Charakter besitzen (Bsp.: arm (unten) – reich (oben))

Zwischenfazit: Alles in uns ist mit räumlichen Merkmalen versehen, d.h. Raumgestaltung ist eine Sprache, die andere, nicht räumliche Relationen des Textes ausdrückt

Das Problem des Sujets
- Lotman definiert das Sujet auch als Ereignis in Texten

- Ereignis hängt vom sozialen und historischen Kontext ab (Bsp. Das Ehepaar, S. 535).
- Drei Elemente des Sujets:
  1. Semantisches System, bestehend aus zwei komplementären Untermengen (z.b. Himmel – Erde); Für die Teilräume des semantischen Feldes sind auf drei Ebenen Gegensätze festzustellen:
     - Topologisch - z.b. hoch - tief, links - rechts, innen - außen
     - semantisch – die topologischen Unterscheidungen werden mit (häufig wertenden) semantischen Gegensatzpaaren verbunden, gut - böse, vertraut - fremd, natürlich - künstlich
     - topographisch – die semantisch aufgeladene topologische Ordnung wird durch topographische Gegensätze konkretisiert: Berg - Tal, Stadt - Wald, Himmel - Hölle
  2. Grenze zwischen den Untermengen, die in bestimmten Situationen durchlässig bzw. undurchlässig sind
  3. Held, der die Handlung trägt

- Lotman differenziert künstlerische Texte:
  - sujetlose Texte = Grenze der Untermenge ist undurchlässig, da Text sonst Funktion verliert (Bsp.: Telefonbuch); sujetlose Text bestätigt die Unerschütterlichkeit dieser Grenze
  - sujethaltiger Text = Versetzung einer Figur über die Grenze; sujethaltige Text hält das Verbot der Grenzüberschreitung zwar für alle Figuren aufrecht, führt jedoch eine Figur oder eine Gruppe von Figuren ein, die sich davon befreien (Bsp.: Figur des Eneas)
    - → sujethaltige Text baut auf dem sujetlosen Text auf, da dieser die Grenzen erst definiert; sujethaltiger Text wird erst dadurch sujethaltig, indem er das Verbot des sujetlosen (Grenzüberschreitung) bricht
    - → Abstufung: Je unwahrscheinlicher die Grenzüberschreitung scheint, desto sujethaltiger ist der Text.

Der Begriff der Figur
- Lotman unterscheidet:
  1. Bewegliche Figur = Recht auf Überquerung der Grenze
  2. Unbewegliche Figur = Grenzüberschreitung untersagt

- Wenn Grenze überwunden wird, tritt Held in semantisches Antifeld (in Abgrenzung zum Ausgangsfeld)
- Grenzüberschreitung ist immer mit größter Gefahr verbunden
- Um Bewegung zum Stillstand kommen zu lassen, muss Handlungsträger mit Antifeld verschmelzen = Bewegliche Figur muss sich in unbewegliche Figur verwandeln
- Wenn Verschmelzung des Helden mit dem Antifeld nicht stattgefunden hat, setzt sich die Bewegung fort (vgl. Eneas in der Unterwelt = verschmilzt nicht mit „jener" Welt, sondern bewegt sich weiter)

4

- „Der Held kehr zurück, verändert sein eigenes Sein und wird so zum Herren, aber nicht zum Antipoden ‚dieser' Welt" – weitere Bewegung ist dann unmöglich und die Handlung zum Abschluss gebracht.

Fazit

Die räumliche Darstellung des Textes (binäre Opposition) lässt Handlung entstehen. Der Handlungsverlauf wird vom Helden getragen (Überschreitung der Grenze führt zum Fortlauf der Handlung)

Eneasroman. Einführung, Gattung, Raumkonstellationen

- immer Auszug in eine fremde Welt, von Vertrautem zu Unbekanntem → immer Motiv der Bewährung des Helden
- Bewährung unter extremen Bedingungen → es geht um Leben und Tod → Schiffe gehen unter
- Schwierigkeiten: Bewährung auf dem Boden der Flucht (Eneas flieht vor Kampf um Troja), Held ist mit diesem Makel behaftet
- Götterebene → alles wird von Göttern um Venus beherrscht, die eingreifen → Eneas landet erst einmal falsch, nicht in Italien sondern bei Dido
- auch messbare Räume können sich nach Erfahrung verändern
- Raum gebunden an Substanz
- Containerraum im Bezug auf Realität
- relationaler Raum, als Raum zwischen Orten → Struktur zum Raumprinzip
- Kant: a priori Raum
- Herder: Raum als Erfahrungsraum
- Raum als subjektiver Raum → individueller Raum

→ Raum wird immer mehr individualisiert

- geisteswissenschaftlicher Wechsel → Raum nicht absolut gedacht, sondern in Wahrnehmung zu einem Objekt → Raum wird zur Kultur
- Raum wird zum Konstrukt → muss gedeutet werden um verstanden zu werden → Konsequenz der Subjektivierung des Raumes
- auch bei Cassirer → Raum als Konstrukt egal ob mythisch, ästhetisch oder theoretisch

- Hauptquelle des anonymen „Roman d'Eneas" --> „Aneis", die zwischen 29 und 19 v. Chr. von Vergil geschrieben wurde
- Bild des Helden
  - ➢ Eneas bei Vergil: vorbildliche Gründer Roms, der dem Willen der Götter gehorcht
  - ➢ Spätantike: eher negative Betrachtungsweise des Helden dar
  - ➢ Eneas als Verräter, der seine Heimat Troja im Stich lässt und gegenüber Dido treulos handelt

- ➢ mittelalterlichen Traditionen: Bild des Helden wieder aufgewertet und durch die
  glückliche Liebe zu Lavinia aufgearbeitet
- Deutungsmöglichkeiten:
  - ➢ Aeneis von Vergil: römisches Nationalepos
  - ➢ Mittelalter: die Darstellung des Eneas als Minneheld deutlich wichtiger

- Heinrich von Veldeke --> Begründer der höfischen Dichtung in deutscher Sprache
  - ➢ um 1150 geboren und um 1190 gestorben
  - ➢ muss klerikale Ausbildung haben, beherrschte Französisch und Latein
  - ➢ musste durch Diebstahl beim Schreiben eine neunjährige Pause einlegen und beendete
    seines Roman zwischen 1184 und 1190
  - ➢ Veldeke übernimmt Großteil des Romans aus dem *Roman d'Eneas* --> fügt eigene
    Teile hinzu, erzählt ausführlicher, vielleicht um dem deutschen Publikum das höfische
    Lebensideal näher zu bringen
  - ➢ zog andere antike Quellen (z.B. Ovid) heran, um so eigene Akzente der Darstellung
    des Helden, der Minnehandlung um Dido und Lavinia und das im Roman gezeigte
    Geschichtswissen zu setzen
- Veldeke stellt das höfische Leben mit Etikette und den Kleiderordnungen vor; Szenen, die für
  das höfische Leben bezeichnend sind, kommen im Roman häufig vor (Beraten der Fürsten
  mit ihren Untergebenen und die gefeierten Feste)
- Rolle der Frauen im Roman: Nur auf Ebene der Minne kann Lavinia einen eigenen Willen
  zeigen, Macht und Herrschaft wird sie nicht erlangen und auch Dido, die eben dies besaß,
  scheitert schließlich daran als sich von der Herrscherin zur Liebenden wandelt
- allgemeines Bild der Minne: als Krankheit, die unvermittelt über sie hereinbricht und sich
  körperlich bemerkbar macht (Ovid)
  - ➢ Veldeke zeigt auch Einblicke in die „seelische[n] Zustände."
  - ➢ Didos Darstellung als untreue Frau, die ihrem Land mit der Liebe zu Eneas schadet,
    wird von Veldeke abgeschwächt und nur ihr Selbstmord verurteilt
  - ➢ Eneas eher schlechtes Verhalten gegenüber Dido wird durch seine Liebe zu Lavinia
    relativiert und er bereut im Nachhinein seine Taten
  - ➢ nur zwischen Eneas und Lavinia kann sich rechte Minne entwickeln, da sich beide
    gleichermaßen lieben und sich nicht sofort einander hingeben
- Die Götter kommen selten vor --> Eneas selbst mehr Eigenverantwortung als es noch in der
  Aeneis der Fall war
- Kriegshandlungen sind vor allem mit dem Aspekt der Bewährung herausgehoben, die für den
  mittelalterlichen Helden wichtig war

Was sind Antikenromane?

- Antikenroman → Stoffen aus der Antike (1200 v. Chr - 4./6. Jh. n. Chr.)
- zeitliches Aufkommen zwischen dem 12. und dem 15. Jahrhundert
- Mediaevalisierung, Anpassung an mittelalterliche Verhältnisse, an den christlichen Glauben, an die Lebensgewohnheiten der jeweiligen Zeit
- Stoffquellen: historisch bzw. pseudohistorische Stoffe aus antiken Epos, antiker Geschichte, hellenistische Liebes-und Abenteuerromane (z.b. Trojas Herrlichkeit und Untergang, Flucht des Aeneas aus Troja, Eroberungszüge Alexanders des Großen, Apollonius' Irrfahrten und Wiedervereinigung mit seiner Familie)
- nicht alle Antikenromane sind fiktionale „Romane", sie gelten auch als historisch
- Erkenntnis des linguistic turn: Historizität und Fiktionalität nicht eindeutig trennbar
- Distanzierung: Vor allem aus christlicher Sicht, die vorchristliche Antike wird als heidnisch angesehen, antike Götter werden dämonisiert oder rational umgedeutet

Wechselwirkung von Antikenroman und Geschichtsschreibung/Geschichtsdichtung
- Ereignisse der antiken Geschichte werden in Heilsgeschichte integriert
- das Wissen über antike Geschichte stammt fast ausschließlich aus Antikenromanen

Hauptquellen antiker Mythologie
- Ovids „Metamorphose (vollendet etwa 8 n. Chr.)
- „Fabulae" des (Pseudo-)Hyginus (wohl 2. Jh. N. Chr.)
- „Mitologiae" des Mythographen Fulgentius (2. H. 5. Jh.)

Der Weg des Helden

Aeneis - Vergil	Roman d´Eneas – (Unbekannt)	Eneasroman – Heinrich von Veldeke
auf der Grundlage früherer Überlieferungen Vorbild war Homer. Einteilung in zwölf Bücher.	**Literarhistorischer Ort**: vermutlich am Hof des englischen Königs Heinrich II. Plantagenet. **Zeit**: 1160 Keine Einteilung in zwölf Bücher mehr.	**Literarhistorischer Ort**: Hof von Thüringen **Zeit**: zwischen 1184 und 1190 **Im Auftrag von**: Gönner seiner Heimat (?)
Gründungsmythen des Römischen Reiches.	+Einbettung in die aus **biblischer Überlieferung** hergeleitete Weltreichslehre + Erwähnungen **Kaiser Friedrichs I.**	
Vergil wollte politische Größe Roms unter Herrschaft Augustus als Grund allen früheren Geschehens und **Vollendung der Vorbestimmung durch die**	**Wachsender kultureller Repräsentationsanspruch des Laienadels**	Zuordnung zu bestimmten Adelsfraktionen --> schwierig: da sich Vertreter aus allen Schichten der Aristokratie damit identifizieren können.

Götter darstellen.		
Im 12. Jhd. passen die Erzähler die Geschichte des antiken Helden an das adlige Laienpublikum an.	Er hatte bedeutenden Anteil an der Entwicklung zum **klassischen Artusroman.**	
Götterwelt stark vorhanden **Liebe spielt untergeordnete Rolle** (Beispiel: Staatsraison hat Vorrang vor Leidenschaft zwischen Paris und Helena.) Aeneas folgt dem Willen der Götter) **Die genealogisch-dynastische Ordnung spielte eine zentrale Rolle**	**Reduzierte Götterwelt** **Liebeshandlung erweitert /** ,Doppelung' der Minnehandlung (Beispiel für Erweiterung: Verhältnis mit Dido gefährdet politische und religiöse Mission; Aeneas widersteht der Versuchung.) Aeneas wird über die **Liebe** zum Minnehelden stilisiert **genealogisch-dynastische Zusammenhang** bleibt von entscheidender Bedeutung für das Handeln des Helden	**Reduktion der Götter als Handlungsträger** Handlung wird auf ,natürliche' Weise erklärt oder in das Innere der Figuren verlagert. → Die Figuren werden Handlungsträger und übernehmen Verantwortung für ihr Tun. antike Vorstellungswelt durch **christliche Optik** (Hölle) Eneas orientiert sich an **Normen des Geblütsadels.** → **Genealogie und Herrschaft erscheinen als zentrale Themen**

Latinus →Typus des schwachen Königs, Inkompetenz in politischer und moralischer Hinsicht → Ablösung von Latinus erscheint zwingend

Verschiedene Herrschaftsmodelle: Turnus →,traditionales' Herrschaftsmodell

Eneas →,**charismatisches' Herrschaftsmodell** → leitet seinen Anspruch nicht nur von einem Ahnherrn her, sondern hat auch Latinus und die Götter auf seiner Seiter

Liebe und Herrschaft

- ausgeprägte Minnehandlungen: innere Monologe
- Die Episode mit Dido zeigt Parallelen zur Geschichte des Eneas, da auch ihre Geschichte von dem zentralen Thema Herrschaft handelt
- Roman d'Eneas: Didos Scheitern zeigt die Gefahren unvernünftiger, maßloser Liebe auf →Lavine ist als vorbildliches Gegenbeispiel zu betrachten

Wie kennzeichnet Veldeke die Liebe zwischen Eneas und Dido positiver?
- Der gegenüber dem Ehemann gebrochene Treueschwur wird nicht hervorgehobe
- Didos Konflikt zwischen *minne* und *êre* tritt hervor
- Didos Gefühle zu Eneas werden als „*rehte minne*" beschrieben
- Veldeke verzichtet auf eine Wertung Didos, diese wertet ihr Verhalten jedoch selbst → Gegenüberstellung von Eigen- Und Fremdverantwortung
- Dido verzeiht Eneas, als dieser von Karthago davonsegelt

Selbstbestimmendes Handeln des Helden: Trägt Eneas die Schuld an Didos Unglück oder ist er dadurch, dass sie ihm verzeiht, entlastet?
- Eneas weiß von Anfang an, dass er seine Dynastie nicht in Karthago fortführen kann, beginnt aber dennoch ein Liebesverhältnis mit Dido und trifft heimliche Vorbereitungen zur Abreise, obwohl er das Verhältnis öffentlich bekanntgeben lässt
- zeigt erstmals Verständnis für Didos Liebe, weil erst selbst von Amors Pfeil getroffen ist

Unterschiede zur Dido-Episode bei Lavinia:
- Eneas wird vom Pfeil Amors getroffen → Liebessymptome
- Eneas wird zornig und fürchtet um seine Kraft
- neue Erkenntnis: Liebe stärkt seine Kampfkraft
- Lavine nimmt dadurch eine neue Rolle ein: Die Frau, die dem Helden Kraft und Anreiz für ritterliche Taten geben kann. Somit kann Eneas seinen Anspruch auf die Herrschaft in Laurente und auf Lavine durchsetzen

unterschiedliche Räume

Historisch: Raumkonzepte unterliegen einer Individualisierung → Raum ist Projektion des Subjekts
Cassirer: Raumkonzepte als Sinndeutungskonzepte eingelagert in hermeneutischen Prozess und bestätigt den Ansatz Raum als immer konzeptualisiertes Gebilde zu begreifen → wirft aus der Moderne einen Blick auf die Raumkonzeption

Ästhetisch: Subjektivierung spielt keine erkennbare Rolle → Raumkonzept als Grundlage der Narration → Narration/narrative Texte werden zu Narrationen wenn sie Sujethaltig sind (d.h. Ereignis einer Grenzüberschreitung) → ist das als Großkonzept plausibel? Wie wird der Raum inszeniert, wie wird Bewegung und Grenzüberschreitung ausgestaltet → kann man damit Romantypen unterscheiden, Ist Bewegung im Raum immer nur Grenzüberschreitung? → ist für Detailanalyse eher fraglich

Unterschiedliche Basismomente der Räume
Religion: heidnischer Raum – christlicher Raum → Vorschaltung unterschiedlicher kultureller Räume
Zeit: antike Raum – mittelalterliche Raum → auf der Zeitachse gesehen
Erzählmodus im Hinblick auf Realitätsstatus: historisches Raumkonzept – fiktionale Raumkonzepte → schwierige Trennung dieser Konzepte
gattungsspezifischer Kulturraum: Heldenepische Raum – höfischer Raum
dynastischer Raum/Herrschaftsraum
Liebesraum (Anspruch des einzelnen Ichs)

klare geographische Räume → Phantastische Räume nur in der Unterwelt

Anderweltlicher Raum: Die Unterweltfahrt

Frage der narrativen Unterweltfahrt: was bringt das für den Helden Eneas?
1) Art der Grenzüberschreitungg (Gestaltung/ Lotman) (V. 2335-2874)
2)Art der Hässlichkeitsdarstellung (V.2687-2745) (V. 2996-3075)

Angst des Schwellenphänomens: Eneas braucht die Fülle des gesamten Wissens in der Unterwelt.

Topographie zwischen imitatio und aemulatio
- Mediaevalisierung und Angleichung an christliche Vorstellungen der Unterwelt-Topographie unter Beibehaltung der Vergilschen Topographie und antiker Elemente
- Katabasis als ästhetischer Raum: infernalische Ästhetik des Schreckens & Raum für die ‚vorhte' des Helden
- die descriptio der Sibylle und des Charon als „die ersten großen und ausführlichen Häßlichkeitsbeschreibungen" in mittelhochdeutscher erzählender Literatur"
- Der Eneasroman betreibt im Vergleich mit Vergils Aeneis und dem Roman d' Eneas hohen narrativen Aufwand in Bezug auf die Schrecklichkeit (freissam, freislîche, egeslîcher, grûwelich; passim) und den Häßlichkeitskatalog der Sibylle und des Charon
- Häufung der Belege für angest und vorhte in Heinrichs von Veldeke Aeneasroman u.a. in der Unterweltfahrt; vgl. dagegen Vergils furchtlosen Aeneas
- Legitimierung der Darstellung furchterregender Häßlichkeit und der für den Helden prekäre (da seine Dignität unterminierende) vorhte: doppelte Autorisierung durch den Erzählerkommentar und die Referenz auf beide Quellen
- Angst als Schwellenphänomen – Darstellung der Angst/Furcht gekoppelt an Schwelle/Grenze; Angst funktionalisiert als Marker des Grenzübertritts und des neuen Narrativs

Seele und Seelenwanderungskonzept
- Seelenvorstellung
  - bei Vergil: Seele nur noch Schatten des Menschen (Schattencharakter), Körperlosigkeit, Schattenbild,Windhauch, flüchtiger Traum
  - bei Heinrich: Seele klar dargestellt, „swie fleislich ich doch schine, / ich enbin doch niwan ein geist"
  - Ursache: platonische Vorstellung: ewig existierende geläuterte Seele; christliche Vorstellung: Auferstehung von Körper und Seele (ganzheitliche Vollendung)

Vortrag: Uta Störmer-Caysa
1. Denkaufgabe
- im höfischen Roman (vor allem Artusromane) gibt es meistens keine fertige Welt → Raum entsteht und breitet sich wie ein Teppich unter dem Helden, kann wieder eingerollt werden

wenn er nicht mehr gebraucht wird (Tunnel, Gebirge → weg, wenn man sie nicht mehr braucht)
- im Roman anders als in der Heldenepik → Held wird dabei oft in fertige Welt gesteckt

2. Der Befund des „Wigamur"
- Als Kind entführte Ritter verbringt Kindheit bei Unterwasserungeheuern, ein männliches und ein weibliches, behandeln ihn gut → zentrale Vorstellungen der menschlichen Welt fehlen ihm aber, muss er später lernen, erlangt Land, Frau und Ehre → will Ehre nicht annehmen, weil er ein „Niemand" ist (seiner Meinung nach), trifft seinen Vater → großer Konflikt wird durch Heirat versöhnt → Entführung, Held muss seine Frau zurückerobern und sich beweisen bevor er zu seinem sicheren Ort gelangt
- brüchige Raumschilderungen
- man weiß nicht genau wie die Meerfrau physisch beschaffen ist → ist im Wasser und im Wald, Symbolstruktur ist wichtiger als Logik → Meerfrau isst Fische und wilde Tiere
- männliches Meerungeheuer lebt auf dem Meeresgrund → Wigamur lernt dort alles was er braucht, aber nicht schwimmen → Ausbildungskonzept des Landes wird auf das Meer übertragen → beide Ebenen werden vermischt
- Wigamur kann allerdings nicht reiten → lernt das aber später

3. Parallelen in anderen Texten
- Prosalancelot → Lancelot ist auch in einem See aufgewachsen
- Beowulf → Grendel, der im Sumpf lebt, Held kann auch in den Sumpf und unter Wasser, ertrinkt nicht usw.
- Parzival → gefährliche Furt über die man springen muss, weil das Wasser viel zu reißend ist → Stelle bei der vorher schon Raum ist bevor der Held kommt, Qualitäten des Ritters haben sich beim zweien Übergang verändert, Raum ist gleichgeblieben
- Diu Crône → bringt sich um sein eigenes Erbe   , ein Palast oder zwei unterschiedliche Päläste/Länder?; auf dem Weg zu Amurfina Geröllweg, der sehr schwer zu überwinden ist, jetzt ist er weg → anderer Zugang zum Land? oder durch andere Vorgänge aufgelöst?
- Tristan → Grotte als begehbarer Ort der Figuren, andererseits redet der Erzähler von der Grotte als Gedankenort → ist aber nicht ganz das Selbe, eine räumliche und eine abstrakte Vorstellung konkurrieren

4. Kohärenzerwartung im Text
- innerhalb eines Textes kann das Erzählmuster bezüglich der räumlichen Struktur wechseln
- in einem Text Normallage → vom Helden aus gedacht → Raum, der sich ausbreitet, aber von der Normallage (als Zentrum) gibt es markierte Abweichungen
- Zentrum und Peripherie (Ausnahmen → können je nach Text unterschiedlich sein)

5. Kohärenzerwartungen in der Gattung
- frei Kombination von den Elementen, Zentrum eines Romans muss nicht Zentrum eines anderen Romans sein, neues Zentrum, neue narrative Grundlage eines anderen Artusroman

- kein starres System sondern bewegliches Zentrum, dass sich verschiebt
- Ergebnis: Raum im Roman ist nicht Spiegel des Helden (wie im modernen Roman), aber auch nicht nur vom handelnden Helden aus definiert, sondern auch von der Aufgabe, die der Held schaffen muss → Aufgaben werde im Raum gezeigt
- Spiegel der Aufgabe und Spiegel der Fabel

Realgeographischer Raum: Landung in Italien; Historischer Raum: Mainzer Hoffest

Raum und Zeit
- Ortsangaben im Eneas viel häufiger als Zeitangaben → Zeit muss indirekt herausgelesen werden
- Eneas → Bezug zu *historischen* Schauplätzen

Raum
- im Eneas wiederkehrende Lokalitäten, die den Schauplatz der Handlung bezeichnen: z.B. *Troie, Libîâ, Kartâgô, Îcônje (Cumae), Italje(n), (Mont)Albâne, Tiber, Pallantê, Laurente*
- ausführliche Beschreibung von Karthago wird im Gegensatz zum Roman d'Eneas von Veldeke gekürzt, er verweist aber alle Interessierten auf Vergil → im RdE kuriose Einzelheiten werden beschrieben (Magnetmauer, Purpurgewinnung, Exotisches → ähnlich wie Beschreibung der Grabstätten von Pallas und Camilla → Einzelheiten so ausführlich wie bei einer Reisebeschreibung
- Bedeutung Karthagos als Schauplatz einer realen Vergangenheit gerät in den Hintergrund → historische Glaubwürdigkeit also nicht alleiniger Sinn und Zweck solcher Einschübe
- Beschreibung von Karthago nicht bloßer Wunderbericht → Realitätsgehalt (z.B. bei Beschreibung der Befestigungsanlage) wird aber auf die mittelalterliche Gegenwart umgedichtet → anachronistische Übertragung alter Stoffe in ein zeitgenössisches Milieu
- Veldeke möchte geographische Stätten präzisieren, die im Zusammenhang mit der von ihm dargestellten Erzählung stehen
- Verbindungslinie zwischen Rôme aus Eneas' Zeit und dem 12. Jhd. wird durch den von Veldeke eingeführten Exkurs über die Auffindung des Pallasgrabes zur Zeit Kaiser Friedrichs I. → Anknüpfung an die jüngere Vergangenheit von Veldekes eigener Epoche
- Hoffestbeschreibung → Mainzer Hoffest von 1184 ist Exkurs über gesellschaftliches Ereignis, an das sich noch genug lebende Erinnern können → Vergleich mit Eneas Hochzeitsfest
- Passage über Pallas Auffinden → sehr konkrete Angaben von Raum und Zeit (Person des Kaisers, Anlass, Zeitpunkt und Verlauf der Romfahrt werden bekannt → → im Mittelpunkt steht aber eher die Wunderbeschreibungen der Lampe als die Person des Kaisers oder das Auffinden der Leiche des Pallas
- einzige (aber auch unpräzise Zeitangabe) → mehr als 2000 Jahre brannte die Lampe bevor man das Grab öffnete

- ausführliche Wahrheitsbezeugungen → machen Person des Pallas ebenso real wie Kaiser Friedrich
- Begriffe und Namen werden „etymologisch" hergeleitet um sie historisch zu erklären:
- Aufzählung von Turnus gewonnenen Truppen → viele Ortsbezeichnungen → Veldeke hält sich eng an Vorlage, übernimmt wichtigste Angaben zur Größe und Zusammensetzung des Heeres
- Namen der Heerführer (Mezentiûs, Lausûs, Aventînus) und die Zahl ihrer Soldaten übernimmt Veldeke mit geringen Abweichungen
- Zusammenstellung von Landschaften und Städten auf den ersten Blick willkürlich und anachronistisch → → Völker, die erwähnt werden, sind dem mittelalterlichen Publikum bekannt

Zeit
- bis auf Pallasgrab → im Roman keine konkreten Angaben bezüglich der Zeit in der die Ereignisse spielen → man weiß aber, dass es in einer vergangenen Zeit spielen muss (Hinweis auf spätere Gründung Roms und seine Bestimmung zur Weltherrschaft)
- Hinweise auf heidnische, exotische Bräuche
- einige Redewendungen weisen auf vergangene Epoche hin
- Zeit in der Eneas auf See war: 7 Jahre
- Bau von Montalbâne: 3 Jahre
- Eneas und Ascanius regieren ihre Länder auf unbestimmte Dauer
- keine Nennung von festen Jahreszahlen im Eneas → Ausgleichung durch Geschlechtsregister und Passagen, die klar auf die Unterscheidung der drei Zeitebenen hindeutet → man muss hierbei Erzählerebene und Handlungseben unterscheiden
- Handlungsebene:
  - ➤ Gegenwart: sämtliche Handlungen um den Helden herum von Flucht aus Troja bis Herrschaftsgewinn in Italien
  - ➤ Vergangenheit: Verweis auf Stammväter, Geschichte des Volkes des Helden (→ Abstammung von Dardanus wichtiger als göttliche Sendung)
  - ➤ Zukunft: künftiges Rom und seine Herrschaft, erstes Geschlechtsregister in der Zukunftsvision von Anchises

Geschichte als Heilsgeschichte
- Probleme der "Beschönigung" oder "Verfälschung" von Wahrheiten durch mittelalterliche Autoren
- Geschichtsschreiber im Mittelalter sollten auch "Quellen" umsetzen und wiedergeben, sollten dabei aber nicht nur historische Fakten berücksichtigen (wie heute) --> Gott im Hintergrund allen menschlichen Daseins
- Bibel offenbarte Gesamtplan der Geschichte (Schöpfung, Sündenfall, Erlösung und Jüngstes Gericht) --> Geschichtswerke beginnen mit der Schöpfung und enden mit dem Weltgericht
- welchen Einfluss haben solche Gedanken auf die Gestaltung des Eneas genommen? Warum fragt man das überhaupt?

> Verfasser hatte wahrscheinlich klerikale Bildung
> Überlieferung des vorchristlichen Stoffes geht auf den Heiden Vergil zurück --> also hat Veldeke eventuell eingegriffen haben und eigene christliche Überzeugungen eingeflochten haben
> beim zweiten Geschlechtsregister weißt Veldeke auf den Erlöser Christus hin (13412ff.)

- Akzent Veldekes liegt nicht im gezielt religiösen Gehalt seines heilsgeschichtlichen Ausblicks, sondern dass Tatsachen als Text ergänzt werden --> stellt historischen Zusammenhang seiner Erzählung für Leser und Zuhörer zur Gegenwart und gibt Orientierungshilfe für den Umgang mit Geschichte allgemein (Geschichte soll als historischer Fakt begriffen werden, der aber immer etwas mit Heilsgeschichte zu tun hat, da Gott hinter allem steht)
- fromme Ausblick am Ende erscheint als Bemühen, diesen Kerngedanken des christlichen Geschichtsbildes sinnvoll mit der Erzählung zu verknüpfen --> schöne, unterhaltsame Geschichte von Eneas und Lavinia erhält mit den gelehrten Anmerkungen zu ihrem welt- bzw. heilsgeschichtlichen Standort einen unbedenklichen Abschluss
- Schwerpunkt des Romans liegt weder im historiographischen noch im rein religiösen Bereich

Topographie
- Definition: landschaftliche Elemente, Bauwerke, künstlich geschaffene Gärten; Teil der Kartographie bzw. Landvermessung

Landung in Italien
- Eneas auf Berg --> gut für Verteidigung; Quelle --> Eneas will Schutzburg errichten --> warum? Eneas weiß noch nicht von Gefahr durch Turnus
  > erinnert an Mose 34: beide handeln in göttlichem Auftrag, Ankunft im gelobten Land, gründen Volk (Israel/römisches Reich) --> Gründungsmythos wird räumlich durch weite, langjährige, beschwerliche Reise dargestellt; von Göttern verheißenes Land ist bereits besetzt und muss erobert werden

--> Elemente von Gründungsmythen können auch isoliert betrachtet werden

Fazit
- Realgeographie Italiens wird durch Raumgestaltung (Eneas auf Berg) überblendet von biblischer Szenerie (Bergschau Moses)
- über diesen intertextuellen Bezug in der Raumregie wird die Ankunftsszene in Italien mit dem christlichen Gründungsmythos unterlegt
- Extreme im Eneas: ganz unten (Unterwelt)/ganz oben (Berg)

Burgbau Montalbâne
- strategisch Wehrhaftes im Mittelpunkt des Burgbaus
- Burg bleibt auf Außenräume beschränkt, Innenräume bleiben verborgen

--> mit Burgbau untermauert Eneas seinen Machtanspruch, setzt sich als König ein Lob obwohl er noch gar keiner ist

Was für eine narratologische Bedeutung hat der Burgbau?
* Eneas geht als Gründungsvater nach Italien
* Burgbau als Realie --> macht Geschichte interessant
* Autor wird als technisch versiert gezeigt
* Held als Gründungsvater und strategisch kluger Herrscher
* Erstbesiedlung wird demonstriert
* Burgbau steht für Eroberung Italiens und für Gründung Roms, da Eneas diese nicht mehr erleben kann
* Raum für den Besten ist noch unbesetzt --> Latinus als schwacher König

Was interessiert Veldeke konkret am Raum?
* aufgeladen mit Hinblick auf Symbole, wie Unterweltfahrt, Meerfahrt --> Realia vermischt mit Topoi
* immer Rückgebunden an Eneas --> Emotion, Angst bei Eneas

Konrad von Würzburg: Partonopier
entstanden 1277

Autor: Konrad von Würzburg
* gelebt in Basel und Straßburg
* gestorben 1287
* Berufsdichter
* Vorbild seiner Werke in stilistischer Hinsicht: Gottfried
* aufwendiger, facettenreicher Stil, hohe Wertschätzung der Kunst
* Darstellung der typischen Figuren geht etwas zurück, Psychologisierung der Handlungsmotive
* hat früh Dichterruhm erlangt → Name bleibt bis ins 14./15- Jhd. präsent

* nach französischen Vorbild
* erster Epos für städtisches Publikum gedichtet, im Auftrag für Basler Bürgermeister
* Überlieferung wird immer spärlicher → Gattungsmischung im Partonopier (Folie)

Gattungsmischung des Partonopier

a) Minne- und Aventiureroman
* Struktur des hellenistischen Liebes- und Abenteuerromans: Paar – Verlust – Wiederfinden
* verborgene frühe Liebe des Paares: Opposition Heimlichkeit – Öffentlichkeit
* Integrationsweg des anfänglich isolierten Paares: Ziel: Herrschaftsehe und Herrschaftssicherung

b) Feenliebesgeschichte

- zentrale Motiv: Verbindung eines mythischen Wesens mit einem irdischen Mann
- volkstümliches Erzählgut, Sagen, Märchen, komplexe literarische Versionen
- Tabu: Tabubruch führt zum Scheitern der Verbindung
- Die schriftlichen Versionen problematisieren den Tabubruch:
  => Bewährungsweg des Helden, eventuell Wiedergewinn

c) arthurische Struktur

- Auszug + kämpferische Bewährung + Gewinn einer Frau
- Krise
- erneuter Auszug + kämpferische Bewährung + Wiedergewinn der Frau
- Happy End

d) Chancon de geste

- historisch-politische Anbindung
- große Heeresschlachten
- oft christl.-heidn. Auseinandersetzung

Handlung

1. Teil (Feenliebesgeschichte)

- Partonopier verirrt sich auf der Jagd
- (Irr)weg: Nacht; Wald, Schiff, Stadt, Palast; Schlafgemach
- Verbindung mit Meliur; Liebesglück; Tabu
- erster Besuch in der Heimat: kämpferische Bewährung
- zweiter Besuch in der Heimat: Misstrauen gegenüber Meliur
- Tabubruch mit Hilfe einer Zauberlampe - Meliur verstößt P.

2. Teil:

- Rückkehr nach Frankreich, in die Wildnis, Todeswunsch
- Irekel findet und pflegt P.– Vesuche der Versöhnung
- Meliur soll heiraten: Turnierpreis
- Irekel stattet Partonopier aus
- Partonopier siegt
- Hochzeit

3. Teil (Chanson de geste):

- Kampf mit dem Sultan von Persien
- Partonopier als verantwortungsbewusster Regent
- Sieg Partonopiers

- Partonopier und Meliur bleiben im Besitz des Kaisertums

<u>in welcher Form taucht Thema Minne auf? Wie verbindet sich das mit der politischen Situation?</u>
- bekanntes Denkmuster, Held hat keine Angst in Teil zwei und drei → in Teil Angst hat er aber Angst, fällt von einem Angstzustand in den nächsten → Angstszenen dominieren den ersten Teil der Handlung
- Partonopier zuerst erfolgreich als Jäger, verliert dann Anschluss, verirrt sich, es wird Nacht → er hat Angst vor wilden Tieren → rettet sich aus dem Wald, kommt zum einsamen Schiff, schläft dort ein → fährt aufs Meer → Partonopier hat wieder wahnsinnige Angst → kommt in die tolle Stadt, die aber menschenleer ist, wieder unheimlich
- Partonopier wird totenbleich, er schwitzt, es verschlägt ihm die Sprache, seine Körperteile gehorchen ihm nicht mehr, seine Haare stehen ihm zu Berge → narrativ inszenierter Angstweg → soll Partonopiers Übergang ins Feenreich markieren
- Partonopier wird eingeführt in die Handlung, vereint alle Eigenschaften eines Helden in sich usw. → Jagd als Bild des höfischen Lebens, Selbstrepräsentation → Art des Hornblasens ist irritierend (bläst fremd) → verliert Gruppe → bedroht durch wilde Tiere und ihnen ausgesetzt wird der Jäger zum gejagten → verliert höfische Qualitäten und sozialen Integrationsrahmen
- Rettung auf Schiff ist nur Zwischenhalt, danach noch schlimmer → Rückkehr scheint unmöglich, prächtige Stadt verstärkt Eindruck der Isolation
- der, der seinen sozialen Rahmen verlässt ist elender → fremd, in einem anderen Land, dem Unbestimmten ausgeliefert

<u>Wohin führt Angstentwicklung?</u>
1. fremde und elende == Synonyme, spricht für negative Auslegung, Weg aus vertrauter Umgebung ist Weg in die Arme des Teufels, Weg der Versuchung, Weg der Schuld → Angst als Wertindex des Bösen (wie bei König Rother)
2. nicht als Weg der Versuchung zu sehen, sondern neutraler, als Weg in unbekannten Erfahrungsraum, der weil er alles bekannte hinter sich lässt, sich einer religiös-moralischen Deutung entziehen soll → Weg in Freiraum neuer Erfahrungen: Angst als notwendiger Übergangsstadium mit positiver Besetzung, da nur die Angst weiter treibt in den neuen Raum

<u>Meliur als Ziel dieses Weges, welche Art der Fremdheit verkörpert sie?</u>
- Minneglück mit Meliur ist nur über Weg zu erreichen, der höfische Werte vorher ablegt und zurücklässt
- sonst keine Bindung ohne repräsentativen Auftritt → hier wird dies dekonstruiert
- anderweltliche Minnequalitäten im Partonopier ist das Fremde von Meliur (nicht weil sie provokative Fee ist)
- Meliur berät sich zwar mit ihrem Hof, wählt ihren Mann aber aus eigener Minnegirr → sucht nicht nach besonderem Stand, Reichtum und Schönheit → sind nicht keine Kriterien mehr, werden aber in den Hintergrund gerückt

- Herzenswahl Meliurs → personale Kriterien lenken das Geschehen, traditioneller Leistungstausch wird unterminiert (normalerweise hat Held alles verloren und gewinnt seinen Ruhm zurück, normalerweise hat Fee körperliche Deformation, die sie nur durch geliebten los werden kann → dies alles fehlt bei Partonopier)
- das einzige was Partonopier leisten muss, ist Meliur Vertrauen entgegen zu bringen
- bisher mussten beide visuell schön beschrieben werden, Meliur und Partonopier sind zwar auch schön, das kann aber im Dunkeln keiner sehen → Boykott des alten Systems
- es geht um Liebe, die für den Moment der ersten Begegnung, den anderen um seiner selbst willen nimmt → neues, fremde, befremdendes
- neue Bindung kann nur über Weg der Negation gegangen werden → Beziehung besteht *„nicht in dem und dem und dem"*
- *ungeheures irgendwie*

Angst Partonopier
- **Körper:** ausführliche Symptomatik, „Lust" an der körperlichen Beschreibung = „Lust" an einer Metaphernsprache der Angst
- **Raum:** Angst wird zur Ursache von Raumwechseln, d.h. Angst wird zum Movens des Aufbruchs in neue Erfahrungswelten; Angst und Neugier gehen eine Symbiose ein
- **Interaktion:** statt der Interaktion mit einem personalen Gegenüber geht es vorrangig um Angst a) als psychischem Modus, b) als Antrieb der Interaktion in und mit ‚neuen' Welten
- **Kognition:** Über die Relation zur Neugier wird Angst zum Movens von kognitiven Möglichkeiten

Partonopier und Meliur. Einführung. Höfischer Raum: Aufbruch- und Jagdszene
- Eneas → welche Raumkonstruktion führt zu welchen Gattung
- Antikenroman → Antiken Raum, mittelalterlicher Raum, antiker Raum wird in mittelalterlichen Raum übertragen, Korrelation von heidnischem und christlichen Raum, historisch fixierbarer Raum korreliert mit fiktionalem Raum
  → Raumentwürfe die sich Topoi bedienen (Unterweltfahrt, Schifffahrt, Bergbesteigung); aber auch Unterfütterung durch Perspektivierung auf Eneas hin (personaler Raum) → topischer Raum wird an personale Erfahrungswelt angebunden

- man spricht immer von Figuren → unterschiedlicher Grad an interner Ausdifferenzierung → niemals von Charakter sondern eher von Eigenschaften und Qualitäten sprechen

- europäischer Raum aber auch Orient → ungeheuer weiter Raum kann auftreten

- Alltagsraum → Abenteuerraum (Weg in die Fremde aus dem gewohnten Raum, Anderwelt)
- individual/personaler Raum (als Raum Einzelner, Heimlichkeit, Absonderung können dieses Raum markieren) → gesellschaftlicher Raum
- Vereinigung – Trennung – Wiedervereinigung (im arturischen Roman: Krise, thematisiert wird Bewährung, nicht die Schwierigkeit der Trennung an sich)

- schöner Jüngling, der sich durch viele Tugenden auszeichnet → Schönheit, ritterliche Tugenden (stark, Kühn), gesprächig/wortgewandt, wohl erzogen (nach höfischen Normen) → lauter Topoi der Beschreibungen, Verweise auf Tristan → idealtypischer Held
- Partonopier verhält sich erst einmal noch vorbildlich → aber bläst fremd, macht die Hunde durch Blut scharf usw. → Beschreibung des Königs und Partonopiers: schreien (Helden schreien eigentlich nicht), das Pferd ist auch nicht ideal → wird müde
- dann wird er Held, der Angst hat und weint → einzige Hilfe von Gott, sagt, dass er zu jung ist zum Sterben → Qualitäten des Helden werden in Frage gestellt → verliert seinen sozialen Rahmen, ist allein
- ist erschrocken, ängstlich im Gegensatz zu den höfischen Attributen → wilde (Wald, Hunde, das was aus der höfischen Welt herausfällt)
- Partonopier will auf den Berg, führt sein erschöpftes Pferd mit Müh und Not hinauf, flüchtet aus dem Wald, Pferd ähnliche Verfassung wie das Pferd
- Übergang von der höfischen Weld in die fremde Welt → gebunden an konkrete Räume, Wald destruiert das Höfische

"der walt ist aller würme vol"
- optische Aufnahme der Natur hat nichts Zweckmäßiges mehr --> Turmszene: Ausssschau um des Schauens willen entgegen dem Turmschau-Topos bei dem zur Orientierung geschaut wird
- Topos: Verirrung im Wald: Wald bisher als walt oder forst, nun als wilde und Dickicht bezeichnet, als wüesten ungehiuren walt --> kommt wieder vor als Partonopier nach dem Verstoß von Meliur töten lassen will von wilden Tieren, haust selbst wie ein wildes Tier in einer Eiche und entdeckt später im Wald seinen Freund Anshelm/Fursîn verwahrlost
- Wald ist hier kein Ort der Kämpfe oder der zu treffenden Entscheidungen, Tier sind nur theoretisch gefährlich --> Wald ist Ort an dem erwartete Entscheidung NICHT eintrifft
- Gegensatzpaar Meer und Wald zwischen denen der Held wählen muss --> Meliur stellt ihn vor die Wahl ob er lieber Jagen oder Vogelbeize am Meeresufer machen möchte
- Meer wird als unberechenbare Naturgewalt geschildert --> wird im Laufe des Romans aber normal für Partonopier
- entscheidet sich auch für den Wald als er seinem Leben ein Ende setzen will
- es gibt fast keine Räume zwischen Wald und Meer --> Turmszene
- Wald bei der Eberjagd noch normal, als er seine Gesellschaft verliert mutiert der Wald zur wilde mit bösen Ungeheuern

- Eber führt Partonopier weg von der Gesellschaft, Pferd führt ihn zur Entdeckung von Irekel --> funktionale Tiere
- Wind nach Verlust von Meliurs Zauberkraft ein Mittel um Handlung zu beschleunigen manchmal gut, manchmal schlecht (führt zu seiner Festnahme durch Graf Herman, lernt Gaudîn kennen weil er wegen nicht vorhandenem Wind zu Fuß nach Schiefdeire
- Unübertrefflichkeitstopos in der höfischen Literatur auch bei Partonopier und Meliur
- Naturraum vs. Kulturraum --> im Kulturraum kann der Mensch sich viel freier bewegen als im Naturraum (Wald und Meer)
- Turmschau
  - ➤ zeigt über was Partonopier später alles herrschen wird --> teure Exportprodukte usw.
  - ➤ bündelt alles was im Roman vereinzelt vorkommt: Kontrast Meer/Wald, Tierwelt, Paradies der Welt von Meliur

Poetik des Hybriden
  - ➤ dynastisch-politische Ebenbürtigkeit: Meliur wählt sich Partonopier (ganz untypisch) aus freien Stücken
  - ➤ Mannbarkeit des Bewerbers: in Meliurs Land darf man keine Knaben heiraten, also muss Partonopier erst zum Ritter werden, können erst drei Jahre später heiraten
  - ➤ Helferfigur: Meliurs Schwester Irekel
  - ➤ Status des Helden: perfekt, noch ein Knabe
  - ➤ Räumliche Vermittlung: Held wird durch Eberjagd (von Meliur durch Zauber eingeleitet) von seinen Gefährten getrennt, in ein Schiff gelockt und nach Schiefdeire gelockt
  - ➤ Ankunft im Zielbereich: Partonopier geht zum prächtigsten Gebäude der menschenleeren Stadt und wird von unsichtbaren Händen bedient
  - ➤ Begegnung mit der Dame: Meliur lässt Partonopier von Unsichtbaren in ihre Kammer bringen
  - ➤ Verbot eines erotischen Zugriffs: Meliur erlaubt Partonopier zu ihr ins Bett zu kommen wenn er sich jungfräulich verhält, doch er fasst an ihre Brust und sie verbietet ihm scheinbar sie weiter zu berühren
  - ➤ Übertreten des Verbots: Partonopier fordert die Minne von der sich scheinbar sträubenden Meliur
  - ➤ Heimliche Minne: Partonopier und Meliur dürfen erst nach zweieinhalb Jahren heiraten, wenn er zum Ritter geworden ist, er darf sie nicht sehen und keiner darf von ihrer Liebschaft wissen
  - ➤ Entfernung des Helden: Partonopier reißt nach Hause um sich im Kampf zu bewähren und zum Ritter zu werden
  - ➤ Ritterwerdung: Partonopier kämpft siegreich gegen Usurpatoren
  - ➤ Komplikationen mit den Eltern: Partonopiers Mutter denkt, er sei einem Teufel verfallen und bringt ihn mit Hilfe des Erzbischofs dazu mit einer Zauberlampe in Meliurs Reich zurückzukehren
  - ➤ Normverstoß: leuchtet Meliur mit der Zauberlampe an

> Öffentlich werden der heimlichen Beziehung: Meliur verliert ihre Zauberkraft und alle wissen, dass sie sich mit einem Unwürdigen eingelassen hat

> Gericht über den Helden: Meliur droht Partonopier, dass ihre Ritter ihn töten, falls sie ihn finden

> Fürsprache von hochrangigen Personen: Irekel versucht Meliur dazu zu bringen Partonopier zu verzeihen

> Verstoßung: Partonopier muss nach Frankreich zurückkehren

> symbolischer Tod: Partonopier zieht in den Wald und lässt sich verwildern und will sich von Tieren fressen lassen

> Erholung: Irekel pflegt Partonopier gesund --> überzeugt Meliur zuzugeben, dass sie Partonopier noch liebt, hilft Partonopier unerkannt nach Schiefdeire zu reisen, wo er von Meliur unerkannt die Schwertleite erhält

> Wiederannäherung: Partonopier nimmt am Turnier Teil um Meliurs Hand zurückzugewinnen

> Aufhebung des Inkognitos: nach dem Turnier ist Partonopier geoutet

> Neue Komplikation: Turniergericht kann Partonopier nicht zum eindeutigen Sieger erklären - -> Probleme mit heidnischem Sultan

> Bereinigung der Komplikation: Partonopier und Meliur werden zu Braut und Bräutigam erklärt nachdem Partonopier den Sultan im Schönheitswettbewerb besiegt hat

> Herrschaftsehe: Partonopier und Meliur heiraten und Partonopier wird Herrscher von Schiefdeire

Anderweltlicher Raum: Meliurs Feenwelt

Geliebte oder Gefährtin? Das Verhältnis von Feenwelt und Abenteuerwelt

• Meliur verliert ihre Zauberkraft --> Wandlung der Fee von Unabhängigkeit und Macht zur "normalen" Frau

• nicht Motiv der "Erlösung" (Melusine) bei Liebe zwischen Partonopier und Meliur --> Meliur holt sich Partonopier als er noch jung ist --> Meliur als Fee mit erotischer Verlockung (formuliert Bedingungen)

• Leben im Feenreich zwar schön aber durch Ausschluss der Gesellschaft für Helden irgendwann monoton --> will zu seiner Mutter --> Konflikt mit der Fee (wie immer im Feenmärchen)

• Tabubruch --> Zauberlampe --> Wendepunkt der Feenerzählung

• Meliur nur noch normale Adlige, hat ihren hohen Stand verspielt --> Partonopier muss sich im Turnier bewähren --> Sieger bekommt Meliur zur Frau

• Meliur als "Sonderfee" --> musste Zauberei erst erlernen

• zweiter Teil des Romans: nicht mehr Feengeschichte sondern Chanson de Geste --> Kriege; andere Gattungen ebenso: antiken Liebes- und Reise- bzw. Liebes- und Abendteuerroman/Minne- und Aventiureroman

> erzählt von Paar mit unfreiwilliger Trennung und Unerschütterlichkeit ihrer Liebe

> Ursachen für Trennung: Familie, Nebenbuhler, Götter

- ➢ Meer liegt zwischen den Liebenden --> einer muss das Meer überwinden --> Aventiure
- ➢ Sehnsucht nach dem Partner, Angst, Verzweiflung --> lange Klagemonologe
- Partonopier bringt Opfer für die Beziehung (Ausgeschlossen sein) , Meliur aber auch (Einsatz ihrer Zauberkraft)
- kaum Entwicklung der Figuren, finden erst durch Anstoß von Irekel wieder zusammen
- Im Feenmärchen --> Frau dominant; im Aventiureroman: Frau als Gefährtin

- Burg, Esszimmer, im Zimmer → dunkel, Bett → zuerst noch Zwischenraum zwischen den Figuren im Bett
- Raum normalerweise immer sichtbar, diesmal nicht
- Minne, die nicht über die Augen entsteht → berühren sich nicht → andere Sinne sind wichtiger → Tastsinn (zerstört Raum), Hören (dabei ist Klang wichtiger als Inhalt) → gibt kein Bild/Abbau des höfischen Bildes aber innerhalb des Wunsches ist Bild da → alle rationalen Grenzen werden aufgelöst

- Raum der Grenzenlosigkeit; grenzenlose Möglichkeit → es wird aber trotzdem über Grenzen geredet, Tabu zeigt Grenzen
- grenzenloser Freiraum im Zimmer → außerhalb schon Grenzen
- Grenzen am Tag und nicht in der Nacht
- Erklärungsraum, der in der Spannung zur Grenze besteht und daraus sein Potential sieht → Brücke zum Denkraum, Vorstellungskraft → Möglichkeitsraum der Minne
- Raum, der nur auf Vertrauen gründet → es wird sich zeigen, dass Partonopier diesen Raum nicht aushalten kann
- Minne, die sich primär nicht mehr auf Genealogie, Reichtum, Macht usw. gründet

→ Raum, der nicht intentional ist: stürzen nicht aufeinander zu, sie nähern sich über klangsinnlichen Raum an

- wirtschaftliche spielt große Rolle → paradiesische Beschreibungen → handelt intentionaler (wechselt Turm weil er das will) → Sehen wieder sinnlich
- will Partonopier mit dem Schauen etwas erreichen? Nein, macht das nur zum Genuss, Rausch des Sehens (Schauens um des Schauns Willen kommt sonst in mittelalterlicher Literatur nicht vor)

Räume der chanson de geste: Der finale Herrschaftsraum
Wilde Fee und Handzahmer Herrscher?
- Meliur wurde in der Zauberei ausgebildet um unabhängig zu sein → darf den heiraten, den sie will, weil sie so mächtig ist → nachdem sie mit Partonopier erwischt wurde, kann sie ihren Heiratskandidaten nicht mehr selbst bestimmten und verliert ihre Zauberkraft
- Partonopier: übliche ritterliche Eigenschaften, Angstanfälligkeit und Lenkung durch Frauen

- Von der Fee zur Hausfrau!?
- Weg aus der Privatheit in die Öffentlichkeit → aus personaler in eine Rollenidentität

1. Vers 12521 – 12615
   - kein intimer Raum → viele junge Männer, wird aber nur einmal erwähnt, danach geht es nur noch um Partonopier und Meliur, andere werden ausgeblendet
   - tun nicht das was sie denken
   - Umkehrsituation der Kammerszene: Partonopier kann Meliur sehen, sie ihn aber nicht ist, fühlt ihn aber
   - Partonopier erkennt Meliur mit den Augen und dem Herz, Meliur erkennt ihn nur mit dem Herzen
   - 1. öffentliche Ebene → 20-100 Knappen bei der Schwertleite
   - 2. Ebene: Augenebene → Wörter des Sehens kommen häufig vor
   - 3. Ebene: Herzebene/Herzensraum → Gefühle, die Partonopier hat wenn er sie sieht, Erinnerungen an früher
   - alle typischen Minnedetails bei der ersten Begegnung der Liebenden kommt vor

3. Vers 15017-15262
   - Topische Szene: der Beste bekommt die Schönste und umgekehrt → Kampf darum wer Meliur bekommt → vorher typische/topische Beratungsszene
   - Räumlichkeiten und Übergänge: Kurz vorher hat sich Meliur gegenüber ihrer Schwester zu Partonopier bekannt → Meliur weiß jetzt, wer Partonopier ist, die anderen wissen es nicht
   - im öffentlichen Raum kann man durch Staub nicht wirklich sehen → Partonopier sieht man aber durch seinen besonderen Schild → Partonopier ist durch seinen Schild als Ritter zu bewähren und ist soziales Objekt
   - nur Meliur kann hinter das Schild anschauen, alle anderen sehen nur das Schild, nicht direkt Partonopier → Blick hinter den öffentlichen Raum ist interessant und wichtig, Blick vom intimen Raum über den öffentlichen Raum wieder in den intimen Raum

   - Konturenloser Raum der Sinne → nicht rational → personaler Erkennung
   - Raum der Möglichkeiten schlechthin
   - Feenreich nicht Feenreich weil es Fee mit Schwanz gibt, sondern weil es ein Raum der Möglichkeiten ist

   - Turmszene
     - sieht ideale Landschaft um die Burg herum → gehört zum Feenreich
     - abgeschlossener Raum in dem alles Möglich ist → perspektive idealer Möglichkeiten bezogen auf den Kulturraum (intimer Raum im Bett / großer Raum)
     - im Bett: geprägt durch nicht sehen aber teilnehmen
     - Turmszene → Raum des Sehens, nicht der Teilnahme

2 Thesen

- These 1: Der Konflikt zwischen Privatem und öffentlichem Raum dahingegen ausgetragen wird, dass Partonopiers Ich getötet werden muss, das ich des privaten Raums → Übertritt in Herrschaftswelt kann nur geschehen wenn das Ich getötet wird

- These 2: Feenmärchen und Chanson de Geste → Verbindung zwischen beiden Bereichen: keine objektive Erzählinstanz, sondern das Erzählinstanzen ist angelegt an die Wahrnehmung des jeweiligen Akteurs (ist subjektiv)

Beschreibung Soldân

- beste Kleider, für Minne gekleidet (nicht mehr für Kampf(→ angemessen gekleidet
- bei Soldan wird vor allem durch Kleidung definiert
- der Schönste ist gleichzeitig der Stärkste und somit der Herrscher
- Kleiderordnung → reiche Kleidung zeigt Reichtum und großes Gefolge
- impliziter Verweis auf Tugenden, aber eben nur Außenwahrnehmungen, sonst wird Ehre usw. explizit erwähnt wird
- Soldan als „wildes Tier" → ist fremd für andere → gehört eigentlich nicht in den Raum, ist fremd
- Soldan wird angestarrt, Partonopier wird erkannt

Partonopier

- geliehene Kleidung, mit der er ausgestattet wird → müsste eigentlich hinter Soldan zurück stehen, tut es aber nicht
- geht immer um Partonopiers Haut → Hagebuttenschönheit → Soldans Kleidung können ausgetauscht werden, Partonopiers Haut nicht, er braucht eigentlich keine Kleidung
- transparenter Blick durch Partonopier → er wird endlich im öffentlichen Bereich anerkannt

→ immer noch ein Restposten des intimen Raums, aber so verwandelt, dass die Gesellschaft daran teilnehmen kann

- Sinnlicher Kampfraum → man sieht, man hört (Schreien der Verwundeten, Wiehernde Pferde)
- Ist Partonopiers Feenreich-Ich jetzt komplett verschwunden? es kommt nicht mehr so auf dieses innere Ich an, könnte aber vielleicht danach wieder kommen
- Es gibt keine objektive Erzählinstanz mehr?

Wie weit reichen die Theorien? Konzept von Lottmann so gewählt, dass man immer damit arbeiten kann, aber nicht in den Feinheiten
Gerd Hübner: Vokalisation
Theoretische Modelle bieten Ansätze müssen mit Narratologie verbunden werden
Was verbindet Eneas und Partonopier im Hinblick auf Räume
Was leistet Raumanalyse überhaupt?